AF884769

Das Krippen-Jahreszeitenbuch

Fingerspiele

Bildnachweis

Freepik.de
S. 3/27: pikisuperstar

Gettyimages.de
S. 1: dvoriankin | S. 8: elenavolkova | S. 10: valentinrussanov | S. 12: DenBoma | S. 15: bubble86 | S. 16: maki_shmak | S. 17: Buena Vista Images | S. 18: xalanx | S. 19: TongRo Images Inc | S. 21: Eileen Kumpf | S. 23: mtreasure | S. 27: NataliaDeriabina | S. 30: phillyskate | S. 32: nata_zhekova | S. 35: BogdanVj | S. 38: DieterMeyrl | S. 39: Mark Kostich | S. 40: mrtom-uk | S. 44: Adam Edwards | S. 45: Lalomartinez | S. 46: Montypeter | S. 50: matka_Wariatka | S. 51: n_chetkova |S. 53: bob_sato_1973 | S. 54: Kichgin | S. 64: Mkovalevskaya | S. 68: Matt_o | S. 74: cosmin4000 | S. 78: og-vision | S. 80: dvoriankin

Impressum

ISBN: 978-3-96046-084-8

Das Krippen-Jahreszeitenbuch
Fingerspiele

Klett Kita GmbH
Rotebühlstr. 77
70178 Stuttgart
www.klett-kita.de

Redaktion	Myriam Bork
Illustration	Nadine Liesse
Umschlagillustration	Anke Dammann
Gestaltung und Satz	DOPPELPUNKT, Stuttgart
Druck	Grafik Media Produktionsmanagement, Köln

4. Auflage
© 2019 Klett Kita GmbH, Stuttgart. Alle Rechte vorbehalten.

Inhalt

Frühling

Sommer

Herbst

Winter

Liebe Leserinnen und Leser,

den Wandel der Jahreszeiten nehmen Krippenkinder oft zum ersten Mal bewusst wahr. Der Zauber des ersten Osterfestes oder der ersten Schneeflocke, die auf der Nase landet, ist etwas ganz Besonderes. In Fingerspielen werden diese Erlebnisse mit einfachen Mitteln zum Leben erweckt. Unsere Finger können nämlich alles sein: Als Eichhörnchen Ernie suchen sie das knackigste Nüsschen, sie sind Pusteblumen, Igel oder Schneewolken, die um die Wette fliegen.

Krippenkinder lieben es, mit ihren Händen zu erzählen – sei es im Morgenkreis, draußen im Sandkasten oder vor dem Essen. Im Einzelkontakt entstehen intensive Begegnungen zwischen Ihnen und dem Kind, denn Finger können nicht nur erzählen, sondern auch streicheln, trösten, kitzeln und kribbeln.

Mit den Fingerspielen in diesem Buch sind Sie für das ganze Jahr gut gerüstet. Für jeden Anlass finden Sie die passende Idee – die Themen sind perfekt auf den Alltag und die Interessen der Kinder abgestimmt.

Wir wünschen Ihnen und Ihren Kindern viele Freude!

Ihr Jahreszeitenbuch-Team

Frühling

Endlich Frühling!

Fingerspiel zum Frühlingsanfang

Alter: ab 1 Jahr
Dauer: 5 Minuten

Still und leise schmilzt der Schnee.
Die Finger langsam über den Tisch ziehen.

Der Winter sagt nun rasch Ade.
Mit beiden Händen winken.

Die Sonne scheint, die Sonne lacht.
Die Hände an der Außenseite der Daumen zusammenführen und die Finger langsam auf- und abbewegen.

Bald sind die ersten Blumen aufgewacht.
Die Arme nach oben strecken und herzhaft gähnen.

Langsam recken sie ihre Köpfe aus der Erde
Die Hände auf den Tisch legen und nacheinander alle Finger langsam heben.

und freuen sich, dass nun endlich Frühling werde.
Die Hände langsam hin- und herdrehen.

Idee: Aline Kurt

Halli, hallo, der März beginnt

Fingerspiel zum Mitradeln

Alter: ab 2 Jahren
Dauer: 10 Minuten

Halli, hallo, der März beginnt,
Mit der Hand winken.

da bläst der warme Frühlingswind.
Kräftig pusten.

Das Fahrrad hol ich aus dem Keller,
Mit den Händen Rad fahren.

radle und klingle immer schneller.
Mit den Händen die Klingelbewegung nachmachen.

Den Berg hinauf, den Berg hinunter,
Die Hände hoch- und runterbewegen.

da werden alle Kinder munter.
In die Hände klatschen.

Die Vögel zwitschern, der Kuckuck schreit.
Mit den Händen Flöten darstellen oder pfeifen.

Halli, hallo, ist's Frühlingszeit.
Mit beiden Händen winken.

Idee: Britta Bartoldus

Die Schnecke in der Hecke

Erschreck-dich-Fingerspiel

Alter: ab 1 Jahr
Dauer: 5 Minuten

Eine kleine Schnecke
sitzt unter einer Hecke.

Den Zeige- und den Mittelfinger der linken Hand ausstrecken, die rechte Handfläche darüber halten.

Hat ein rundes Schneckenhaus,
streckt die Fühler lange aus.

Mit der rechten Hand auf dem linken Handrücken ein Schneckenhaus andeuten.

Kriegt sie plötzlich einen Schreck,
sind die Fühler ganz schnell weg.

Den Zeige- und den Mittelfinger ganz schnell einziehen.

Idee: Leah Schäfer

Armer, müder Hase

Kitzel-Fingerspiel

Alter: ab 2 Jahren
Dauer: 10 Minuten

Ach, wie müde, ach, wie matt,
der Osterhase, der ist platt.

Eine Hand als Hasen formen (Zeige- und Mittelfinger hochstrecken), die Hand auf den Handrücken legen.

Liegt und schnarcht und kann nicht mehr,
Ostern ist für ihn sehr schwer.

Hand leicht auf- und abbewegen wie beim Schlafen, Schnarchgeräusche machen.

Da kommt die kleine Maus Marie,
müde ist die Kleine nie.

Mit der anderen Hand als Maus angelaufen kommen.

Kitzelt ihn am Ohr ganz heiter,
der Hase schnarcht nur immer weiter.

Die Hasenhand kitzeln.

Kitzelt ihn am Bein ganz leise,
der Hase schnarcht auf Hasenweise.

Die Hasenhand kitzeln.

Kitzelt ihn am Bauch am Flaum,
der Hase schläft, das stört ihn kaum.

Die Hasenhand kitzeln.

Da geht das Mäuschen leise fort,
zu einem ander'n Mäuseort.

Finger an die Lippen legen und „Psst!" machen.

Idee: Tina Scherer

Die kleine Raupe

Fingerspiel mit Verwandlung

Alter: ab 1 Jahr
Dauer: 5 Minuten

Die kleine Raupe frisst und frisst,
bis sie ganz dick geworden ist.

Einen Zeigefinger in die Handfläche der anderen Hand legen, Raupenbewegungen und Schmatzgeräusche machen.

Sie baut sich ein Haus
und schläft sich dort aus.

Den Zeigefinger mit der Hand umschließen, dann die geschlossene Hand an die Wange zum Schlafen legen, Schnarchgeräusche machen.

Dann wird sie wach und bleibt nicht mehr drin,
heraus fliegt ein schöner Schmetterling.

Die Hand langsam öffnen, mit beiden Händen wie ein Schmetterling flattern.

Idee: Britta Bartoldus

Fünf Tulpen

Blumen-Fingerspiel

Alter: ab 2 Jahren
Dauer: 10 Minuten

**Fünf Tulpen blühen,
sie wiegen sich im Wind,**
Finger spreizen und langsam bewegen.

**fünf Tulpen wackeln,
im Frühlingswind geschwind.**
Mit den Fingern wackeln.

**Fünf Tulpen blühen,
sie strecken sich ins Licht,**
Finger gerade nach oben strecken.

**fünf Tulpen wackeln,
verblüh'n noch lange nicht.**
Mit den Fingern wackeln.

**Fünf Tulpen blühen,
doch langsam wird es Nacht,**
Finger locker lassen.

**fünf Tulpen haben
die Blüten zugemacht.**
Finger nach unten fallen lassen, Hand zur Faust bilden.

Idee: Karin Schäufler

Osterhase und Osterhuhn

Alter: ab 1 Jahr
Dauer: 5 Minuten

Fingerspiel zu Ostern

Osterhase, komm mal schnell,
putz die Ohren, putz das Fell!

Hand zum Osterhasen formen: Zeige- und Mittelfinger aufstellen.
Ohren mit der anderen Hand putzen.

Osterhühnchen, komm dazu,
putz den Schnabel nun auch du!

Hand zum Huhn formen: Daumen und Zeigefinger als Schnabel formen
und den Schnabel mit der anderen Hand abwischen.

Denn wisst ihr, was es heute gibt?
Ostern! Weil das jeder liebt.

Mit den Händen jubeln.

Idee: Tina Scherer

Fünf Zwerge wollen Blumen pflücken

Fingerspiel für kleine Gärtner

Alter: ab 2 Jahren
Dauer: 10 Minuten

Fünf Zwerge wollen Blumen pflücken.
Die linke Hand hochalten und hin und her drehen.

Der erste mag sich gar nicht bücken.
Der Zeigefinger der rechten Hand zeigt auf den Daumen.

Der zweite muss ganz heftig niesen – hatschi,
Mit dem rechten Zeigefinger auf den linken Zeigefinger zeigen.

der dritte will sie lieber gießen.
Der rechte Zeigefinger zeigt auf den linken Mittelfinger.

Der vierte läuft ganz schnell nach Haus,
Der rechte Zeigefinger zeigt auf den linken Ringfinger.

der fünfte gräbt die Blumen aus.
Der rechte Zeigefinger zeigt auf den linken kleinen Finger.

Er pflanzt sie in seinem Garten ein
Die linke Hand vor den Körper halten und dabei die Handfläche nach oben richten. Die Finger der rechten Hand tippen auf die Handfläche.

und freut sich an den Blümelein.
Lächelnd auf die Handfläche schauen.

Idee: Leah Schäfer

Tanzende Finger

Maitanz- Fingerspiel

Alter: ab 1 Jahr
Dauer: 10 Minuten

1, 2, 3 – wir tanzen in den Mai.

Bei 1,2,3 mit den Fingern mitzählen. Danach die Finger beider Hände zappeln lassen.

Einmal hin und einmal her,
einmal drehen – bitte sehr!

Beide Hände mehrmals mit zappelnden Fingern nach rechts und nach links bewegen, danach die Hände mehrmals mit zappelnden Fingern vor dem Körper kreisen lassen.

Jetzt tanzen wir den Berg hinauf,
dann schnell runter, nochmal rauf.

Beide Hände mehrmals mit zappelnden Fingern nach oben und unten bewegen.

Mit viel Schwung geht's auf die Reise,
in der Luft dreh'n wir die Kreise.
Große, kleine, immer mehr,
unten landen, bitte sehr!

Beide Hände mehrmals mit zappelnden Fingern in der Luft kreisen lassen, abwechselnd große und kleine Kreise. Danach die Hände mit den Handflächen nach unten auf dem Tisch oder den Beinen ablegen.

Idee: Leah Schäfer

Fünf Stängel im Wind

Pusteblumen-Fingerspiel

Alter: ab 2 Jahren
Dauer: 5 Minuten

**Fünf Stängel schaukeln fröhlich im Wind,
wiegen sich langsam, schaukeln geschwind.**

Die Finger einer Hand ausstrecken, die Hand aus dem Handgelenk hin und her bewegen.

**Bald sind die Blüten nicht mehr gelb,
weil ihnen weiß jetzt besser gefällt.**

Mit allen fünf Fingern wackeln.

**Da kommt ein Wind und pustet darauf,
pustet die Samen in den Himmel hinauf.**

Über die Hand pusten, eine Faust machen.

Idee: Margret Schmidt

Mama Huhn und ihr Küken

Alter: ab 3 Jahren
Dauer: 10 Minuten

Fingerspiel frisch aus dem Ei

In dem Nest, in dem Nest
liegt ein weißes Ei.
Kr- kr- knacks, Kr- kr- knacks,
springt das Ei entzwei.

Die linke Hand formt ein Nest, die Faust der rechten Hand wird als Ei in das Nest gelegt.

Und ein Küken schlüpft heraus,
schaut sich um und spricht:
„Wo ist meine Mama?
Ich seh meine Mama nicht!“

Die Faust langsam öffnen und mit Daumen und Zeigefinger einen Schnabel formen.

Mutter Henne kommt gelaufen,
gackert: „Ga-ga-ga,
komm zu mir, hab keine Angst,
ich bin ja schon da!“

Die linke Hand verwandelt sich in eine Henne, mit Daumen und Zeigefinger einen Schnabel formen.

Da läuft das Küken schnell zur Henne,
sagt: „Ich hab dich lieb!
Gut, dass du mich gefunden hast,
komm, lass uns geh’n. Piep, piep!“

Beide Schnäbel zusammenführen, dann die Hände hinter den Rücken nehmen.

Idee: Britta Bartoldus

Der fleißige Schmetterling

Fingerspiel mit Blütenduft

Alter: ab 2 Jahren
Dauer: 10 Minuten

Ein Schmetterling fliegt durch die Luft,
er schnuppert feinen Blütenduft.

Die Finger der rechten Hand bewegen sich zappelnd hin und her.

Er fliegt mal vor und mal zurück,
auch nach oben noch ein Stück.

Die Finger der rechten Hand bewegen sich vor und zurück, danach nach oben.

Auf einer Blume landet er,
denn hungrig ist er ja so sehr.

Die Finger der linken Hand spreizen, mit der rechten Hand auf dem Handteller landen.

Er trinkt von ihrem Blütensaft,
das gibt ihm ganz viel neue Kraft.

Den ausgestreckten rechten Zeigefinger auf den linken Handteller legen.

Dann fliegt er weiter, bis spät in die Nacht,
bis er ganz müde die Flügel zumacht.

Die Finger der rechten Hand bewegen sich zappelnd hin und her, danach die Finger zur Faust ballen.

Idee: Leah Schäfer

Die Sonne scheint ins Nest

Frühlingsvöglein-Fingerspiel

Alter: ab 1 Jahr
Dauer: 5 Minuten

Fünf Vöglein sitzen dicht an dicht,
sie kuscheln zusammen und frieren nicht.

Das erste Vöglein sagt: „Hurra,
die Frühlingssonne ist schon da!"

Das zweite Vöglein freut sich auch
und piekt dem dritten in den Bauch.

Das vierte will gleich fliegen gehn
und nach den Frühlingsblumen sehn.

Das fünfte Vöglein schläft noch fest,
und schnarcht in seinem Vogelnest.

Die Finger der linken Hand fest zusammendrücken. Danach mit dem Zeigefinger der rechten Hand jeweils die im Text benannten Finger antippen.

Idee: Leah Schäfer

Im grünen Gras, da sitz ich

Grashüpfer-Fingerspiel

Alter: ab 2 Jahren
Dauer: 5 Minuten

Im grünen Gras, da sitz ich
Hand zur Faust ballen.

und wenn ich will, dann hüpf ich.
Arm schnell nach oben bewegen, Finger spreizen.

Ich springe zu den Blümchen
Auf den Handteller der zweiten Hand „springen".

und höre auch die Bienchen.
Hand ans Ohr legen – lauschen.

Du kennst mich, denn ich bin der ...
Zeigefinger ausstrecken.

... GRASHÜPFER!
Faust ballen und ausstrecken.

Idee: Marion Bischoff

Schnapp den Schatz

Aufpass-Fingerspiel

Alter: ab 1 Jahr
Dauer: 10 Minuten

Guck, das kleine Mäuschen,
kommt raus aus seinem Häuschen.

Eine Hand zur Faust ballen als Häuschen. Daumen und Zeigefinger herausstrecken und als Mäuschen herumlaufen.

Und guck, die kleine Spinne Pit,
hat heute Riesenappetit.

Mit der anderen Hand die Spinne Pit nachstellen und damit herumkrabbeln.

Da liegt ein Schatz an seinem Platz,
und wer ihn schnappt, der frisst ihn: Schmatz!

Mit der Hand einen Schatz (z. B. ein Stück Obst) schnappen.

Idee: Tina Scherer

Vöglein, Vöglein, husch, husch, husch

Fingerspiel im Vöglein-Versteck

Alter: ab 1 Jahr
Dauer: 5 Minuten

Vöglein, Vöglein, husch, husch, husch
Mit Daumen und Zeigefinger einen Vogelschnabel darstellen.

Vöglein fliegen in den Busch,
Eine Hand hinter dem Rücken verstecken.

sitzen im Versteck,
Vöglein sind jetzt weg.

Vöglein, Vöglein, 1, 2, 3,
Mit der freien Hand 1, 2, 3 abzählen.

Vöglein kommen jetzt herbei.
Die Hand hinter dem Rücken hervorholen.

Idee: Kati Breuer

Sommer

Die kleine Biene rutscht

Fingerspiel von rutschigen Blättern

Alter: ab 3 Jahren
Dauer: 10 Minuten

Die kleine Biene – summ, summ, summ –

Mit dem rechten Zeigefinger Kreisbewegungen machen.

die fliegt um eine Blume rum.

Die linke Hand mit gespreizten Fingern und der Handfläche nach oben auf Brusthöhe halten. Der rechte Zeigefinger kreist über der linken Hand.

Sie setzt sich auf das erste Blatt,

Mit dem rechten Zeigefinger den linken kleinen Finger antippen.

doch das ist für sie viel zu glatt.

Der Zeigefinger rutscht ab.

Beim zweiten und beim dritten Blatt, hat sie kein Glück – und rutscht hinab.

Mit dem rechten Zeigefinger nacheinander den linken Ring- und Mittelfinger antippen; der Finger rutscht bei beiden ab.

Auch das vierte und das fünfte Blatt sind für die Biene viel zu glatt.

Mit rechts den linken Zeigefinger und Daumen antippen; der Finger rutscht bei beiden ab.

Sie denkt sich: Das kann doch nicht sein, dann flieg ich in die Mitte rein!

Mit kreisenden Bewegungen den rechten Zeigefinger auf die linke Handfläche setzen.

Da ruht sie sich ein Weilchen aus und nimmt viel Nektar mit nach Haus.

Der Zeigefinger bleibt einen Moment lang sitzen und entfernt sich dann mit kreisenden Bewegungen.

Idee: Leah Schäfer

Fünf Kugeln Eis

Fingerspiel für Feinschmecker

Alter: ab 1 Jahr
Dauer: 5 Minuten

5 Kugeln Eis will ich heut schlecken,
jetzt geht's los – ich lass sie mir schmecken.

Die erste Kugel tropft herab,
die zweite sich ein Hund schnell schnappt.

Die dritte Kugel fällt in den Dreck,
die vierte Kugel schmilzt schon weg.

Die fünfte Kugel ist zwar klein,
dafür schmeckt sie aber fein!

Zuerst die Finger der linken Hand spreizen und hin- und herdrehen. Danach jeden Finger einzeln antippen – vom Daumen bis zum kleinen Finger. Zum Schluss die Hand vors Gesicht halten und so tun als würde man ein Eis schlecken.

Idee: Leah Schäfer

Im grünen Gras, da ist was los

Krabbelkäfer-Fingerspiel

Alter: ab 3 Jahren
Dauer: 10 Minuten

Im grünen Gras, im grünen Gras,

Eine Hand mit der Handfläche nach oben legen und die Finger bewegen.

krabbelt ein kleines Tier.

Mit der zweiten Hand über eine Handfläche „krabbeln"

Ist keine Maus und kein Has',

Zuerst auf die Nase tippen, dann mit beiden Händen Hasenohren andeuten.

viel kleiner ist es hier.

Mit zwei Fingern einen winzigen Abstand darstellen.

Ein Käfer mit sechs dünnen Beinen

Hand mit der Handaußenseite nach oben und die Finger unter der Handfläche bewegen.

steigt am Grashalm hoch empor.

Einen Finger der zweiten Hand als Grashalm hochstrecken, mit den Fingern der anderen Hand hochklettern.

Der Halm, er schaukelt über Steinen,

Den Grasfinger hin und her schaukeln.

doch Käferchen hat keine Angst davor.

Hand mit der Handaußenseite nach oben und die Finger unter der Handfläche bewegen.

Er klettert bis zum höchsten Punkt,

Einen Finger auf die Spitze des Grasfingers tippen.

dann hebt er ab und summt ... und summt.

Arme ausbreiten, Summgeräusche machen.

Idee: Leah Schäfer

Rosalie und Klaus

Fingerspiel über Mäusefreunde

Alter: ab 2 Jahren
Dauer: 10 Minuten

Rosalie, die kleine Maus,
die streckt ihr Näschen aus dem Haus.

Mit dem Zeigefinger der rechten Hand wackeln.

Die Sonne scheint, ein schöner Tag,
Rosalie hüpft auf und ab.

Die Finger der linken Hand spreizen. Die rechte Hand hüpft mit leicht gestrecktem Zeigefinger auf und ab.

Vor Freude rennt sie hin und her,
auch mal im Kreis – das mag sie sehr.

Den rechten Zeigefinger zuerst hin und her bewegen, danach im Kreis drehen.

Sie läuft zu ihrem Freund, dem Klaus,
und klopft ganz leise an sein Haus.

Die linke Handfläche hochhalten. Die rechte Hand mit dem leicht gestreckten Zeigefinger bewegt sich auf die Handfläche zu. Der rechte Zeigefinger klopft mehrmals in die Handfläche.

Rosalie fragt: „Lieber Klaus,
kommst du mit mir zum Spielen raus?"

Beide Zeigefinger wackeln und berühren sich dabei, damit es so aussieht, als würden sie sich unterhalten.

Klaus, die Maus sagt gleich „Na klar."
gemeinsam rufen sie „Hurra!"

Zuerst mit dem Zeigefinger der linken Hand wackeln. Danach mit beiden Händen mit leicht gestreckten Zeigefingern auf und ab hüpfen.

Idee: Leah Schäfer

Spinnchen im Sand

Sandkasten-Fingerspiel

Alter: ab 1 Jahr
Dauer: 5 Minuten

**Ein Spinnchen mit acht zarten Beinen
krabbelt auf Sand, krabbelt auf Steinen.**

Mit einer Hand als Spinne durch den Sand krabbeln.

**Willst du es streicheln, schwupps, ist es weg,
gräbt sich im Sand ein kleines Versteck.**

Die Hand ganz schnell im Sand verstecken.

**Doch schaust du nicht hin, dann kitzelt es dich,
killekille, das kitzelt ja fürchterlich!**

Ganz zart mit der Hand über die des Kindes streicheln.

Idee: Monika Klages

Myriam, das Hasenkind

Fingerspiel für heiße Tage

Alter: ab 3 Jahren
Dauer: 10 Minuten

Die Mama sagt zum Hasenkind:

Beide Zeigefinger hochhalten.
Der rechte Zeigefinger bewegt sich.

„Hoppel doch mal raus, geschwind."

Mit dem rechten Zeigefinger auf und ab hüpfen.

Doch Hasenmädchen Myriam
sagt: „Mama, mir ist viel zu warm!

Der linke Zeigefinger bewegt sich.

Die Sonne scheint mir ins Gesicht.
Ich mag den Sommer einfach nicht!"

Den linken Zeigefinger hin- und herbewegen.

Doch Mama sagt: „Mein liebes Häschen!"
Und wackelt mit dem Hasennäschen.

Den rechten Zeigefinger „mahnend" hin- und herbewegen.

„Jetzt kannst du mit deinen vielen
Hasenfreunden draußen spielen.

Mit dem rechten Zeigefinger nach draußen zeigen.

Hüpfen, Fangen, Lieder singen,
über grüne Wiesen springen.

Mit dem rechten Zeigefinger hüpfen und den linken Finger greifen.

Draußen könnt ihr euch verstecken,
im Schatten gibt es kühle Ecken."

Den rechten Mittelfinger unter der linken Hand verstecken.

Und Myriam, das Hasenkind
rennt nach draußen ganz geschwind!

Der linke Zeigefinger bewegt sich ganz schnell weg.

Idee: Leah Schäfer

Der Zappelfisch

Planschbecken-Fingerspiel

Alter: ab 1 Jahr
Dauer: 5 Minuten

Ein Zappelfisch, ein Zappelfisch
Der will nicht gern auf deinen Tisch.

Mit einer Hand im Wasser zappeln.

Willst du ihn fangen, sieh einer an,
fängt er schon gleich zu zappeln an.

Das Kind darf versuchen, Ihre Hände zu fangen,
Sie ziehen sie immer wieder weg.

Zappelfisch, ach Zappelfisch,
ich ess dich nicht, beruhige dich!

Sich gegenseitig die Hände im Wasser streicheln.

Idee: Tina Scherer

Vom Dach zum Teich

Spatzen-Fingerspiel

Alter: ab 3 Jahren
Dauer: 10 Minuten

Fünf Spatzen sitzen auf einem Dach,

Eine Hand zum Dach formen. Die andere dahinter halten und die Finger nach oben strecken. Mit den Fingern wackeln.

der eine neben dem andern.

Jeden Finger nacheinander bewegen.

Sagt der erste: „Ach,
könnt ich doch wo landen."

Den kleinen Finger bewegen.

Er fliegt hinab und landet gleich

Mit dem kleinen Finger voran (die anderen Finger krümmen) im Bogen nach unten auf den Boden „fliegen".

bei dem großen Gartenteich.

Den kleinen Finger am imaginären Teich, also auf dem Boden, „absetzen". Den Finger einknicken und die Hand wieder in Ausgangsposition bringen.

Vier Spatzen sitzen auf einem Dach, der eine neben dem andern ...

Wieder eine Hand zum Dach formen und nun bei der zweiten Hand den kleinen Finger gekrümmt halten. Dann fortfahren wie oben, bis alle Spatzen zum Gartenteich geflogen sind – ein Finger nach dem anderen.

Idee: Yvonne Wagner

Die Blümlein werden wach

Fingerspiel mit viel Sonne

Alter: ab 2 Jahren
Dauer: 10 Minuten

Die Sonne scheint vom Himmel runter,
fünf Blümlein werden davon munter.

Die linke Hand ist die Sonne. Sie wird gespreizt. Die rechte Hand sind die Blümlein. Sie wird ebenfalls gespreizt. Die einzelnen Finger bewegen sich.

Das erste schaut zur Sonne rauf
Und sagt zu den andern: „Wacht schnell auf!"

Den Daumen bewegen.

Das zweite Blümlein ruft erfreut:
„Es ist so schönes Wetter heut."

Den Zeigefinger bewegen.

Das dritte Blümlein hat gelacht,
davon ist das vierte aufgewacht.

Zuerst den Mittel- und dann den Ringfinger bewegen.

Das fünfte Blümlein ist noch klein,
es freut sich an dem Sonnenschein.

Den kleinen Finger bewegen.

Zusammen rufen sie: „Hurra!
Liebe Sonne, du bist da!"

Alle Finger der rechten Hand zappeln wild herum.

Idee: Leah Schäfer

Fünf Kinder wollen baden gehn

Abkühl-Fingerspiel

Alter: ab 1 Jahr
Dauer: 5 Minuten

Fünf Kinder wollen baden gehn,
die Sonne scheint heut wunderschön.

Das erste sagt: „Mir ist's zu kalt!",
das zweite will jetzt in den Wald.

Das dritte sagt: „Igitt, wie nass!".
Das vierte hat auch keinen Spaß.

Das fünfte sagt: „Ich spring jetzt rein,
das kühlt mich ab – so soll es sein!"

Zuerst die Finger einer Hand spreizen.
Danach jeden Finger einzeln hochhalten und bewegen.

Idee: Leah Schäfer

Es blitzt und donnert

Gewitter-Fingerspiel

Alter: ab 2 Jahren
Dauer: 10 Minuten

Das ist Paul, er spielt im Haus,
doch jetzt, da will er lieber raus.

Zuerst den Daumen der rechten Hand hin- und herbewegen,
dann mit beiden Händen ein Dach formen.

Er nimmt seinen Schirm, sonst wird er nass,
im Regen spielen – das macht ihm Spaß.

Die linke Handfläche über den rechten Daumen halten.
Danach mit beiden Händen Regentropfen darstellen.

Paul hüpft herum auf einem Bein
und springt in alle Pfützen rein.

Den rechten Daumen hüpfend bewegen.

Da leuchtet am Himmel ein helles Licht
und gleich darauf donnert es fürchterlich.

Mit dem Zeigefinger der linken Hand nach oben zeigen.
Den Daumen anschließend einklappen.

Paul läuft lieber schnell nach Haus
Und schaut von dort zum Fenster raus.

Mit dem Daumen schnell rennen. Danach mit der linken Hand einen Kreis formen,
damit der rechte Daumen durchschauen kann.

Idee: Leah Schäfer

Fünf kleine Fische

Fingerspiel im tiefen See

Alter: ab 1 Jahr
Dauer: 5 Minuten

Fünf kleine Fische schwimmen im See,
sie zappeln und blubbern und rufen „Juchee!“

Die Finger einer Hand spreizen. Die Hand drehen und die Finger zappeln lassen.

Der erste sagt: „Ich mag nicht mehr.“
Der zweite schwimmt ihm hinterher.

Der dritte, der macht: „Blubb, blubb, blubb –
Ich hab vom Schwimmen jetzt genug!“

Der vierte Fisch, der macht auch Schluss,
weil er nun zum Essen muss.

Der fünfte Fisch schwimmt schnell nach Haus,
das Fingerspiel, das ist nun aus.

Immer den Finger bewegen, der gerade benannt wird.
Bei der letzten Zeile, die Finger zur Faust schließen.

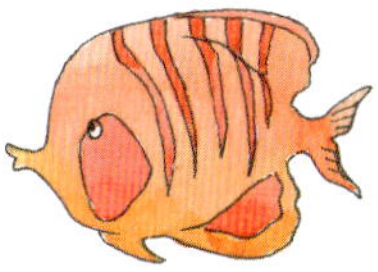

Idee: Leah Schäfer

Da fliegen sie mit viel Gebrumm

Alter: ab 2 Jahren
Dauer: 10 Minuten

Bienen-Fingerspiel

Alle meine Fingerlein,
wollen heute Bienen sein.

Beide Hände vor den Körper halten und mit den Fingern zappeln.

Sie fliegen hin und fliegen her,
das Fliegen mögen sie so sehr.

Beide Hände mehrmals mit zappelnden Fingern nach rechts und nach links bewegen.

Sie fliegen rauf und auch gleich runter,
fliegen macht die Bienen munter.

Beide Hände mehrmals mit zappelnden Fingern nach oben und unten bewegen.

Dann fliegen sie mit viel Gebrumm
noch ganz oft im Kreis herum.

Beide Hände mehrmals mit zappelnden Fingern vor dem Körper kreisen lassen.

Jetzt sind sie müde und fliegen schnell weg,
findest du sie in ihrem Versteck?

Beide Hände mit zappelnden Fingern hinter dem Rücken verstecken.

Gefunden! Juchuu!

Die Hände nach vorne nehmen und vor Freude in die Hände klatschen.

Idee: Leah Schäfer

Der Frosch ist munter

Hüpf-Fingerspiel

Alter: ab 1 Jahr
Dauer: 5 Minuten

Der Frosch springt auf das Blatt,

Die linke Hand flach vor den Körper halten, mit den Fingern der rechten Hand draufspringen.

da hüpft er auf und ab.

Die Finger der rechten Hand hüpfen auf und ab.

Dann hüpft er hin und her,
das fällt ihm auch nicht schwer.

Die Finger der rechten Hand hüpfen hin und her.

Dann hüpft er rundherum,
das ist ihm nicht zu dumm.

Die Finger der rechten Hand hüpfen im Kreis.

Was will der Frosch als nächstes tun?
Er beschließt sich auszuruhn.

Die rechte Hand flach auf die linke legen und schnarchen.

Idee: Leah Schäfer

Die Schnecke und die Katze

Versteck-dich-Fingerspiel

Alter: ab 1 Jahr
Dauer: 5 Minuten

Die Schnecke kommt aus ihrem Haus,
streckt vorsichtig die Fühler aus.

Mit der rechten Hand eine Faust machen, dann Zeige- und Mittelfinger als Fühler herausstrecken.

Doch plötzlich kommt die Katz daher,
die Schnecke, die erschrickt gar sehr!

Die linke Hand kommt als Katze angelaufen.

Sie zieht sofort die Fühler ein
und kriecht zurück ins Haus hinein.

Die Finger der rechten Hand schließen sich wieder zur Faust.

Idee: Britta Bartoldus

Fünf Käfer fliegen durch die Welt

Immer-einer-mehr-Fingerspiel

Alter: ab 2 Jahren
Dauer: 10 Minuten

Ein kleiner Käfer fliegt durch die Welt,
er fliegt herum, weil es ihm gefällt.

Den Daumen durch die Luft bewegen.

Er ruft ganz laut: „Halli und Hallo!"
Ein zweiter kommt, das macht ihn froh.

Mit dem Zeigefinger wackeln.

Zwei kleine Käfer fliegen durch die Welt,
sie fliegen herum, weil es ihnen gefällt.

Den Daumen und den Zeigefinger durch die Luft bewegen.

Sie rufen ganz laut: „Halli und Hallo!"
Ein dritter kommt, das macht sie froh.

Mit dem Mittelfinger wackeln.

Drei kleine Käfer fliegen ...

Den Vers mit allen fünf Fingern fortführen.

Idee: Leah Schäfer

Herbst

Hurra, der Herbst ist da!

Alter: ab 1 Jahr
Dauer: 5 Minuten

Fingerspiel zum Herbstanfang

Der Daumen sagt: „Der Herbst ist da!"
Der Zeigefinger ruft: „Hurra!"

Dem Mittelfinger gefällt das nicht:
„Denn Herbst bringt auch viel Regen mit!"

Der Ringfinger, der schreit gleich rein:
„Der Herbst, ja, der beschenkt uns fein!"

Der Kleine freut sich sehr und lacht:
„Der Herbst hat uns Äpfel und Trauben gebracht!"

Eine Hand zum Haus geschlossen halten. Die Handfläche zeigt dabei nach vorne. Es richtet sich jeweils der Finger auf, der im Reim genannt wird.

Idee: Theresa Schuster

Kennst du schon den Apfelwurm?

Mampf-Fingerspiel

Alter: ab 3 Jahren
Dauer: 10 Minuten

Kennst du schon den Apfelwurm?

Mit einem Finger Kriechbewegungen andeuten.

Er klettert nie auf einen Turm.

Beide Hände über dem Kopf aneinanderlegen.

Viel lieber sitzt er auf dem Baum

Arme nach oben strecken, Finger spreizen.

und futtert seinen Apfeltraum.

Fingerspitzen beider Hände aneinander legen, Apfel formen.

Ein roter Apfel soll es sein,

Hände an die Wangen legen.

ganz vorsichtig beißt er hinein

Beißbewegung andeuten.

und frisst und kaut bis mittendrein,

Bauch reiben.

dort trifft er auf die Kerne klein.

Mit Daumen und Zeigefinger Winzigkeit andeuten.

Sagt: „Guten Tag, auf Wiedersehen

Hand zum Gruß ausstrecken.

Ich muss jetzt wieder futtern gehen.“

Winken.

Idee: Marion Bischoff

Zwei Raben im Baum

Alter: ab 1 Jahr
Dauer: 5 Minuten

Puste-Fingerspiel

Zwei Raben hocken im kahlen Baum,
ein Sturm weht ganz stark, drum hörst du sie kaum.

Beide Hände zu einem Schnabel formen und hochhalten, heftig über die Hände pusten.

Da hört der Sturm zu brausen auf,
die Raben krächzen fröhlich laut.

Die „Schnäbel" der Hände öffnen und dazu krächzen wie die Raben.

Mit Geflatter und Lärm fliegen sie fort
zu einem anderen Rabenort.

Mit den Händen davonfliegen.

Idee: Tina Scherer

Die Blätter tanzen herab

Fingerspiel im bunten Laub

Alter: ab 2 Jahren
Dauer: 10 Minuten

Bunte Blätter an den Bäumen,
Die Arme nach oben recken, Finger spreizen.

alle Menschen wollen träumen,
Augen schließen.

schaun dem Blättertänzchen zu,
Mit den Händen durch die Luft „tanzen".

der Wind treibt sie dahin im Nu.
Hörbar pusten.

Sie tanzen durch den Nebel runter,
Finger gespreizt vor die Augen legen.

die Erde wird erst bunt, dann bunter.
Auf die Beine klopfen.

Die Kinder hüpfen durch die Blätter,
Mit den Füßen trampeln.

vergessen ist das Regenwetter.
Mit den Fingern Regentröpfchen andeuten.

Idee: Marion Bischoff

Das Waldmäuschen

Pieps-und-flitz-Fingerspiel

Alter: ab 2 Jahren
Dauer: 10 Minuten

Es piept ganz leis' ein Mäuschen,
Daumen und Zeigefinger an den Fingerkuppen zusammenpressen, leise piepen.

das lebt in einem Häuschen
Über dem Kopf mit den Händen ein Dach formen.

zwischen Baum und Busch.
Einen Baum in die Luft malen.

Es flitzt schnell, husch, husch, husch.
Eine Hand schnell hin- und herbewegen.

Bei den Beeren bleibt es stehen.
Mit einer Hand auf die Finger der anderen tippen.

Will was futtern und dann sehen,
Den Bauch reiben, dann die Hand an die Stirn legen.

wie die Sonne untergeht.
Eine Hand spreizen, langsam hinter dem Rücken verschwinden lassen.

Dann geht es heim, legt sich ins Bett
Beide Hände zusammenlegen, Kopf drauf betten.

aus Stroh und Gras in seinem Loch.
Mit Mama, Papa, Bruder noch.
Beide Hände: Daumen und Zeigefinger an den Fingerkuppen zusammenpressen.

Idee: Marion Bischoff

Der Herbst, der kommt in schnellen Schritten

Fingerspiel für Erntedank

Alter: ab 1 Jahr
Dauer: 1 Minuten

Der Herbst, der kommt in schnellen Schritten,

Im Sitzkreis mit den Fingern schnell über die Oberschenkel laufen.

bringt uns Äpfel, Birnen und Quitten.

An einer Hand erst Daumen, dann Zeigefinger, dann Mittelfinger hochnehmen und damit aufzählen.

Haben wir sie alle aufgegessen,

Hand vor den Mund nehmen und schmatzen.

ist der Herbst schon längst vergessen.

Mit der Hand abwinken.

Idee: Heike König

Von der Nuss zum Baum

Kastanien-Fingerspiel

Alter: ab 2 Jahren
Dauer: 5 Minuten

Fünf Kastanien wachsen am Baum,
Mit den Fingern der linken Hand wackeln.

dick und groß und rund und braun.
Mit dem Zeigefinger der linken Hand an jede Fingerspitze der rechten Hand tippen.

Der Wind beginnt zu toben,
Gegen die Finger der rechten Hand kräftig pusten.

die Kastanien fallen zu Boden.
Die Finger der linken Hand einknicken.

Die Erde deckt sie zu,
Mit der rechten Hand die linke Hand bedecken.

doch wächst daraus im Nu
Die rechte Hand zur Faust ballen, ein Finger der linken Hand schiebt sich durch die Faust der rechten Hand.

ein neuer Baum geschwind.
Den linken Arm heben.

Da freut sich jedes Kind!
Ganz laut jubeln und klatschen.

Idee: Britta Bartoldus

Fünf Wichtel im Wind

Fingerspiel mit Saus und Braus

Alter: ab 3 Jahren
Dauer: 5 Minuten

Fünf kleine Wichtel singen heut im Wald,
sie tanzen dazu hin und her,
denn sonst wird ihnen kalt.

Die Hände hochhalten und mit den Fingern wackeln.

Ein starker Wind, ihr Wichtel, passt auf!
Schon fegt der Wind die Kerlchen weg,
mit Heulen und Gebraus.

Über die Hand pusten, die Finger einknicken, dann die Hand hinter dem Rücken verstecken.

Hihi, da kicherts im Gebüsch
und schon sind sie wieder da,
das war doch nur ein kleiner Wind,
wir tanzen: Schalala!

Die Hand wieder hervorholen, hochheben und mit den Fingern wackeln.

Fünf Wichtel tanzen heut im Wald
und freuen sich auch sehr,
kein Windchen fegt sie jetzt noch weg
und sei es noch so schwer!

Mit den Fingern wackeln.

Idee: Tina Scherer

Hin und her schwingen die Äste

Herbstwind-Fingerspiel

Alter: ab 2 Jahren
Dauer: 5 Minuten

Der Herbstwind pustet durch den Wald,
Die Finger einer Hand ausstrecken und dagegen pusten.

die Bäume bewegen sich, es ist kalt.
Die Finger leicht bewegen.

Hin und her schwingen die Äste,
Die ganze Hand hin und her bewegen.

der Wind pustet kräftig, der Wind pustet feste.
Wieder auf die Hand pusten.

Knick-knack, ein Baum knickt ein, liegt krumm
Hand stillhalten, einen Finger einknicken.

auf dem Wege nun herum.
Finger eingeknickt lassen.

Knick-knack, er richtet sich wieder auf,
Finger wieder aufrichten.

der Wind weht davon, den Berg hinauf.
Mit der anderen Hand über die Hand streichen.

Idee: Tina Scherer

Eichhörnchen Ernie

Nüssesammel-Fingerspiel

Alter: ab 1 Jahr
Dauer: 10 Minuten

Ganz gekonnt von Ast zu Ast,
springt Ernie Eichhorn ohne Hast.

Einen Arm ausstrecken, mit der anderen Hand darüber „springen".

Der junge Eichhornmann will los.
Er sammelt feine Nüsse bloß,

Mit Daumen und Zeigefinger kleine Nüsse andeuten.

damit er, wenn es draußen schneit,

Beide Arme und die Finger schnell auf und ab bewegen.

futtern kann zu jeder Zeit.

Den Bauch reiben.

Und in seinem Kobel schick,
zieht er sich schon bald zurück.

Beide Arme um den Körper legen.

Schläft und schnarcht und wird er wach,

Augen schließen, schnarchen.

futtert er 'ne Nuss und lacht.

Kaubewegungen andeuten, laut lachen.

Idee: Marion Bischoff

Fünf Igel rennen übers Gras

Stacheliges Fingerspiel

Alter: ab 2 Jahren
Dauer: 10 Minuten

Fünf Igel rennen übers Gras.
Der erste sagt: „Ich such mir was."

Hand hochhalten, alle fünf Finger bewegen, danach nur den Daumen bewegen.

Der zweite sagt: „Ich komme mit."

Zeigefinger bewegen.

Der dritte findets auch den Hit.

Mittelfinger bewegen.

Der vierte sagt:
„Ich möchte nicht alleine sein."

Ringfinger bewegen.

Und der kleinste rennt den anderen hinterdrein.

Den kleinen Finger bewegen.

Fünf Igel schlafen jetzt im Gras
und träumen schon vom Frühling was.

Sie schnarchen leise unter Blättern.

Die Hand zur Faust ballen.

Wenn dann wärmer wird das Wetter,
erwachen sie ganz frisch und froh

Langsam beginnen, die Hand zu öffnen.

und rennen wieder herum: Gerade so!

Finger wild durcheinander bewegen.

Idee: Inge Pipiorke

Schau mal hin im Garten

Kürbis-Fingerspiel

Alter: ab 2 Jahren
Dauer: 10 Minuten

Schau mal hin in unserm Garten,

Hand an die Stirn legen.

er kann es kaum erwarten.

Auf den Arm tippen, als wenn man auf die Uhr tippt.

Er ist dick und rund und schön,

Einen großen Kreis in die Luft malen.

und so schwer, lässt sich kaum drehn.

Arme, wie ein Bodybuilder anspannen.

Mit dem Messer wird ganz sacht,

Zeigefinger ausstrecken, Schneidebewegungen andeuten.

ein Loch in ihn hineingemacht.

Daumen und Zeigefinger zusammenlegen, so dass ein Kreis entsteht.

Der feine Kerl wird ausgehöhlt

Mit einer Hand Schaufelbewegungen machen.

und ins Fenster dann gestellt.

Zum Fenster deuten.

Jetzt weißt du sicher wer er ist?

Mit dem Zeigefinger an der Stirn kratzen.

Es ist vom Garten der Kürbis!

Zeigefinger in die Luft strecken.

Idee: Marion Bischoff

Meine kleine Laterne

Fingerspiel für St. Martin

Alter: ab 1 Jahr
Dauer: 5 Minuten

Meine kleine Laterne,
meine kleine Laterne,
die scheint durch Nacht und Ferne.

Eine Hand hochhalten und öffnen und schließen,
um das Leuchten nachzumachen.

Meine kleine Laterne,
meine kleine Laterne,
die leuchtet so schön wie die Sterne.

Beide Hände hochhalten und öffnen und schließen.

Meine kleine Laterne,
meine kleine Laterne,
die habe ich dafür so gerne.

Weiter die Hände öffnen und schließen,
dann in die Hände klatschen.

Idee: Heike König

Der kleine Bär sucht einen Freund

Freundschafts-Fingerspiel

Alter: ab 2 Jahren
Dauer: 10 Minuten

Ein kleiner Bär tapst allein im Wald umher.
Mit dem Zeige- und dem Mittelfinger der rechten Hand auf dem Boden krabbeln.

Er wünscht sich einen Freund so sehr.
Mit der rechten Hand winken.

Ein zweiter kleiner Bär tapst im Wald umher.
Mit dem Zeige- und dem Mittelfinger der linken Hand auf dem Boden krabbeln.

Auch er wünscht sich einen Freund so sehr.
Mit der linken Hand winken.

Beide Bären treffen sich zufällig an einem Baum.
Beide Handflächen langsam aufeinander zu bewegen, bis sich beide Handflächen treffen.

Sie mögen sich sofort, man glaubt es kaum.
In die Hände klatschen.

Ab nun sieht man beide nur noch zu zweit.
Mit den Zeige- und den Mittelfingern beider Hände Gehbewegungen machen.

Wo der eine ist,
Mit der rechten Hand winken.

ist der andere nicht weit.
Mit beiden Händen winken.

Idee: Michaela Lambrecht

Birnen, Kirschen, Apfelbaum

Alter: ab 1 Jahr
Dauer: 5 Minuten

Herbstfrüchte-Fingerspiel

Fünf Bäume stehen im Garten,
ich will geduldig warten,

damit zu späteren Tagen
sie viele Früchte tragen.

Der große Baum vom kleinen Daumen
trägt bald schon schöne Pflaumen.

Der Zeigefinger fein
soll unser Birnbaum sein.

Der Kirschbaum, unser Mittelfinger,
trägt schon kleine, rote Dinger.

Der Ringfinger ist nun dran,
ein Apfelbaum von nebenan.

Und dieses kleine Fingerlein,
das soll unser Weinstock sein.

Die Finger der Reihe nach passend zum Text hochhalten.

Idee: Britta Bartoldus

Der Igel baut ein Bettchen

Fingerspiel im Winterquartier

Alter: ab 2 Jahren
Dauer: 10 Minuten

Der Wind rauscht durch die bunten Bäume,

Zwischen den Händen durchpusten.

der Igel freut sich auf die süßen Träume.

Den Kopf zur Seite legen, Augen schließen.

Er sucht sich nun ein stilles Plätzchen

Zeigefinger auf die Lippen legen.

und baut sich dort sein warmes Bettchen.

Mit den Armen den Körper umfassen.

Unter einer großen Hecke,

Mit beiden Händen die Hecke andeuten.

kann er sich sehr gut verstecken.

Hände vors Gesicht legen.

Schiebt mit seiner Igelnase

Mit dem Finger auf die Nase tippen.

alle Blätter übern Rasen.

Hände nach unten hängen und schütteln.

Ein großer Hügel ist es nun.

Den Hügel mit einer Hand in die Luft malen.

Der Igel hatte viel zu tun.

Durchpusten.

Jetzt legt er sich gemütlich nieder

Kopf zur Seite legen, Augen schließen.

und im Frühjahr kommt er wieder.

Winken.

Idee: Marion Bischoff

Winter

Guten Tag, hallöchen

Fingerpuppenspiel zu Nikolaus

Alter: ab 1 Jahr
Dauer: 10 Minuten
Material: Fingerpuppe

Guten Tag, hallöchen,
wisst ihr, wer ich bin?

Finger mit der Puppe hochhalten.

Ich komme mit Geschenken
zu allen Kindern hin.

Alle Kinder mit dem Finger antippen.

Ich hab 'ne rote Mütze,
denn da draußen ist es kalt.

Mit dem Finger/der Mütze wackeln

Ich fahr mit meinem Schlitten
durch den Winterwald.

Ganz schnell den Finger durch die Luft bewegen.

Guckt mal her, ihr Kinder,
ich hab 'nen langen Bart.

Den Finger hochhalten.

Wollt ihr mal schnell fliegen?
Komm mit auf meine Fahrt!

Den Finger hinauf- und hinabbewegen.

Bald schon komm ich zu euch
und bringe Freude mit.

Finger hin- und herbewegen.

Bis dahin sag ich: Tschüss und
haltet euch schön fit!

Sich mit dem Finger vorbeugen,
die Kinder winken und „Tschüss" rufen.

Idee: Tina Scherer

Leise, leise nur mal riechen

Fingerspiel mit Plätzchenduft

Alter: ab 2 Jahren
Dauer: 10 Minuten

Leise, leise nur mal riechen.

Kopf nach oben recken, Riechgeräusche nachahmen.

Plätzchen liegen in den Stiefeln.

Auf die Hausschuhe deuten.

Advent ist's und der Punsch der duftet.

In der Hand eine imaginäre Tasse halten.

Engelchen hat hart geschuftet.

Mit einer Hand auf die andere hämmern.

Damit dir in der Weihnachtsnacht,

Augen schließen.

das Christkind ein Geschenk gebracht.

Flugbewegungen andeuten.

Idee: Marion Bischoff

Fünf Schneeflocken im Landeanflug

Körperteile-Fingerspiel

Alter: ab 1 Jahr
Dauer: 5 Minuten

Fünf kleine Schneeflocken sitzen auf einer Wolke und wollen auf die Erde fliegen.

Handfläche senkrecht halten und die Finger wie eine Schneeflocke zappeln lassen.

Die erste Schneeflocke landet auf deinen Füßen.

Den Daumen hochheben und auf einen Fuß tippen.

Die zweite Schneeflocke landet auf deiner Hand.

Den Zeigefinger hochheben und auf die Hand tippen.

Die dritte Schneeflocke landet auf deinem Kopf.

Den Mittelfinger hochheben und auf den Kopf tippen.

Die vierte Schneeflocke landet auf deinem Ohr.

Den Ringfinger hochheben und an das Ohr tippen.

Und die fünfte, die kleinste, landet direkt auf deiner Nase.

Den kleinen Finger hochheben und auf die Nase tippen.

Hui, das kitzelt.

Nase kitzeln.

Idee: Michaela Lambrecht

Das Christkind im Stroh

Krippen-Fingerspiel

Alter: ab 2 Jahren
Dauer: 10 Minuten

Kennst du das Christkind, dieses kleine?
Kleinen Finger in die Höhe recken.

Ein Baby noch mit kleinen Beinen.
Beide Arme vor dem Bauch hin und her wiegen.

Es ist ein Kind, wie ich und du.
Auf sich selbst und dann auf ein anderes Kind zeigen.

Und doch ganz anders, hör nur zu.
Die Hand ans Ohr legen.

Es liegt in einem Stall im Stroh.
Kopf zur Seite legen, auf die Hände betten.

Der Ochse ist unendlich froh.
Mit den Fingern ein Lachgesicht darstellen.

Und der Esel sagt: „I-ah!“
Zwei Finger als „Ohren“ an den Kopf legen.

Weihnachten ist endlich da!
In die Hände klatschen.

Idee: Marion Bischoff

Der kleine Eisbär

Fingerspiel über Nordpolfreunde

Alter: ab 1 Jahr
Dauer: 10 Minuten

Ein kleiner Eisbär,
Eine Hand hochhalten.

der war nicht gern allein.
Hand nach unten halten, der kleine Eisbär lässt seinen Kopf hängen.

Da fand er einen zweiten Bär'n
Die andere Handfläche wird für den anderen Eisbären hochgehalten.

und war nicht mehr allein.
Beide Handflächen hochhalten.

Was wir für gute Partner wär'n,
Die beiden Hände/Eisbären gucken sich an.

es ist schön, ein Freund zu sein!
Beide Hände hin und her drehen wie beim Tanzen.

Idee: Michaela Lambrecht

Schimmerlichter am Nachthimmel

Sternen-Fingerspiel

Alter: ab 2 Jahren
Dauer: 10 Minuten

Siehst du die Stern' am Himmel schimmern?
Wie sie glänzen, glitzern, glimmern?

Hände zur Faust ballen und mehrmals schnell öffnen.

Die Sterne, das sind Himmelskinder,

Mit dem Finger in die Luft deuten.

sie sind besonders schön im Winter.

Arme eng um den Körper legen.

Wenn's drinnen in der Stube warm,

Über die Arme reiben.

die Mama hält dich auf dem Arm.

Hände ineinanderlegen oder Nachbarkind umarmen.

Ihr schaut im Dunkeln hoch hinauf.

Nach oben deuten.

Die Sterne winken. Wink du auch!

Sich gegenseitig zuwinken.

Idee: Marion Bischoff

Wohlig warm am Vogelhaus

Wintervogel-Fingerspiel

Alter: ab 2 Jahren
Dauer: 10 Minuten

Sieh dir mal das Häuschen an,

Mit beiden Händen ein Dach formen.

Vögel flattern schnell heran,

Mit beiden Armen „flattern".

setzen sich ans Fensterlein,

Eine Hand auf den anderen Arm legen.

knabbern Körner, hmm, wie fein.

Bauch reiben.

Eine Amsel sitzt im Haus,

Eine Faust auf den anderen Arm legen.

schaut ganz neugierig heraus.

Hand an die Stirn legen zum „Ausschauen".

Kommt die Meise,

Flugbewegungen mit beiden Armen.

pfeift ganz leise:

Die Lippen spitzen.

„Es ist Winter drinn' und drauß!"

Arme eng um den Körper legen.

So schön ist's jetzt im Vogelhaus.

Daumen nach oben.

Idee: Marion Bischoff

Huhu, das Eulchen ist groß

Eulenfamilie-Fingerspiel

Alter: ab 2 Jahren
Dauer: 10 Minuten

Das ist Mama Eule, Hu.

Daumen strecken.

Papa Eule ruft: „Huhu!“

Zeigefinger strecken.

Die Eulenoma fliegt heran,

Mittelfinger strecken.

kitzelt den Eulensohn sodann.

Ringfinger strecken.

Das Eulenbaby schaut nur zu.

Kleinen Finger strecken.

Und plötzlich ruft es laut: „Huhu!“

Die Mama fliegt sofort heran

Flugbewegungen mit den Armen andeuten.

und schaut ihr Eulenkindchen an.

Finger zur Brille formen, an die Augen legen.

Die großen Eulenaugen funkeln,

Mit den Fingern seitlich neben die Augen tippen.

sie sehen alles gut im Dunkeln.

Daumen nach oben.

Nun fliegen alle Eulen los,

Aufstehen, Flugbewegungen mit den Armen andeuten.

„Huhu, das Eulchen ist jetzt groß!“

Laut rufen.

Idee: Marion Bischoff

Zehn kleine Weihnachtswichtel

Fingerspiel für Abenteurer

Alter: ab 3 Jahren
Dauer: 10 Minuten

Zehn kleine Weihnachtswichtel
stapfen durch den Schnee.
Zehn kleinen Weihnachtswichteln
tut dies gar nicht weh.

Die Finger beider Hände zeigen und mit ihnen auf dem Boden laufen.

Zehn kleine Weihnachtswichtel
klatschen in die Hand.
Zehn kleine Weihnachtswichtel
ziehn durchs ganze Land.

In die Hände klatschen.

Zehn kleine Weihnachtswichtel
steigen auf 'nen Berg.
Zehn kleine Weihnachtswichtel
sind klein wie ein Zwerg.

Mit den Fingern in der Luft nach oben laufen und mit den Händen einen Hut auf dem Kopf darstellen.

Zehn kleine Weihnachtswichtel
wollen rodeln gehn.
Zehn kleine Weihnachtswichtel
kannst du rutschen sehn.

Erst die rechte Hand auf dem linken Arm nach oben krabbeln und mit der flachen Hand herunterrutschen, dann Seitenwechsel.

Zehn kleine Weihnachtswichtel
frieren manchmal sehr.
Zehn kleine Weihnachtswichtel
wärmen sich noch mehr.

Hände aneinander reiben.

Zehn kleine Weihnachtswichtel
machen sich ganz klein.
Zehn kleine Weihnachtswichtel
schlafen leise ein.

Beide Handflächen aneinanderlegen und an den Hals führen, den Kopf leicht zur Seite legen.

Idee: Britta Bartoldus

Die dunkle Nacht

Kerzen-Fingerspiel

Alter: ab 1 Jahr
Dauer: 5 Minuten

Es war einmal eine dunkle Nacht,
da sind 5 Kerzen aufgewacht.

5 Finger einer Hand hochhalten.

Die erste sagt: „Es ist so dunkel."

Mit dem kleinen Finger wackeln.

Die zweite sagt: „kein Sternengefunkel."

Mit dem Ringfinger wackeln.

Die dritte sagt: „So geht das nicht."

Mit dem Mittelfinger wackeln.

Die vierte sagt: „Wir brauchen Licht!"

Mit dem Zeigefinger wackeln.

Die fünfte sagt: „Das Dunkel ist euch nicht geheuer?
Dann bleibt ganz ruhig, ich habe Feuer."

Mit dem Daumen wackeln.

Ein leises Zisch, es ist getan,
die Kerze zündet ihr Lichtlein an.

Den Daumen von der Handfläche aus ruckartig nach oben bewegen.

Und gibt dann weiter den hellen Schein,
an alle Kerzen, groß und klein.

Mit dem Daumen alle Finger nacheinander berühren.

Idee: Ellen Tsalos-Fürter

Das Bäumchen

Christbaum-Fingerspiel

Alter: ab 1 Jahr
Dauer: 5 Minuten

Fünf Kinder sind zum Markt gelaufen
und wollten einen Tannenbaum kaufen.
Die ganze Hand zeigen.

Der Erste sucht das Bäumchen aus.
Den Daumen zeigen.

Der Zweite trägt es stolz nach Haus.
Den Zeigefinger zeigen.

Der Dritte stellt zu Haus ihn auf.
Den Mittelfinger zeigen.

Der Vierte hängt den Schmuck darauf.
Den Ringfinger zeigen.

Der Fünfte steckt die Kerzen dran.
Den kleinen Finger zeigen.

Nun kommt das Christkind und zündet sie an.

Idee: Britta Bartoldus

Weihnacht im Hause Eichhorn

Nüsschen-Fingerspiel

Alter: ab 2 Jahren
Dauer: 15 Minuten

Draußen fallen weiße Flocken.

Hände auf und ab bewegen.

Ernie Eichhorn sitzt ganz trocken

Hände falten.

oben auf dem Baum im Nest,

Mit dem Zeigefinger nach oben deuten.

feiert dort sein Weihnachtsfest.

Mit beiden Händen dirigieren.

Gibt seiner Freundin einen Kuss

Ein Kussgeräusch nachahmen.

und schenkt ihr gleich die schönste Nuss.

Dem Kind nebenan die Hand streicheln.

Hat er Hunger, brummt sein Bauch,

Den Bauch reiben.

buddelt er Schnee weg unterm Strauch,

Mit den Händen Buddelbewegungen machen.

holt 'ne Eichel schnell hervor

Mit Daumen und Zeigefinger eine Eichel formen.

und klettert auf den Baum empor.

Einen Arm hochstrecken, mit zwei Fingern entlang krabbeln.

Dort futtert er mit viel Genuss,

Die Hand an den Mund legen.

seine dicke Eichen-Nuss.

Hand zur Faust ballen.

Idee: Marion Bischoff

Mhh, Tintenfisch!

Fingerspiel mit hungrigen Pinguinen

Alter: ab 1 Jahr
Dauer: 5 Minuten

Auf einer Scholle im eisigen Meer
schwanken fünf Pinguine hin und her.

Die Hand parallel zum Boden ausstrecken und hin und her bewegen.

Der erste fängt Fische zum Mittagessen,

Die Hand zur Faust ballen, dann den Daumen hervorziehen und zeigen.

der zweite bringt Muscheln zum Mittagessen,

Den Zeigefinger zeigen.

der dritte bringt einen Tintenfisch zum Mittagessen,

Den Mittelfinger hervorziehen und zeigen.

der vierte bringt Schnecken zum Mittagessen.

Den Ringfinger hervorziehen und zeigen.

Und der fünfte? Der hat schon alles aufgegessen!

Als Letztes den kleinen Finger hervorziehen und zeigen.

Idee: Tina Scherer

Der Nikolaus ist hier

Fingerspiel für Ungeduldige

Alter: ab 1 Jahr
Dauer: 5 Minuten

Fünf Finger bleiben heut zu Haus
und warten auf den Nikolaus.

Die ganze Hand hochhalten und zeigen.

Der erste sagt: „Kommt, setzt euch her."

Den Daumen zeigen.

Dem zweiten fällt das Warten schwer.

Den Zeigefinger zeigen.

„Das dauert lange!", meint der dritte.

Den Mittelfinger zeigen.

Da hört der vierte plötzlich Schritte.

Den Ringfinger zeigen.

Der fünfte öffnet nun die Tür und ruft:
„Der Nikolaus ist hier!"

Den kleinen Finger zeigen.

Idee: Britta Bartoldus

Willi und Wolli

Schneewolken-Fingerspiel

Alter: ab 2 Jahren
Dauer: 10 Minuten

Zwei dicke Schneewolken am Himmel gleiten.

Beide Hände als Faust ganz langsam nach vorn und wieder zurück bewegen.

Willi und Wolli heißen die beiden.

Erst die rechte Faust nach oben bewegen, dann die linke Faust.

Willi dreht sich gern im Kreis.

Die rechte Faust malt kleine Kreise in die Luft.

Wolli schaukelt lieber leis.

Die linke Faust schaukelt hin und her.

Auf einmal gibt es ein Wolkengewimmel

Beide Fäuste durcheinander bewegen.

und es fallen dicke Schneeflocken vom Himmel.

Finger spreizen und auf und ab bewegen.

Nun rufen alle Kinder „Hurra!"

Laut Hurra! Rufen und dabei die Hände nach oben ausstrecken.

Der erste Schnee ist endlich da!

In die Hände klatschen.

Idee: Marion Bischoff

Das Eisschollen-Rennen

Fingerspiel mit Renn-Eisbär Ali

Alter: ab 2 Jahren
Dauer: 10 Minuten

Ali Eisbär hat 'nen Plan.

Zeigefinger an die Stirn tippen.

Er will Eisschollen-Rennen fahrn.

Mit einer Hand durch die Luft „sausen".

Setzt sich mit seinem Eisbärpo.
Auf die Scholle drauf und so

An den Po fassen.

schlittert er den Berg hinunter.

Mit einer Hand durch die Luft „sausen".

Andre Bären werden davon munter.

Augen reiben.

Jeder sucht sich ein Stück Eis.
Setzt sich drauf auf seine Weis'.

An den Po fassen.

Und schon geht es steil bergab.
Kein Eisbär macht hier jemals schlapp.

Mit beiden Händen durch die Luft „sausen!

Da ruft der Ali laut hinaus:
„Jetzt ist es Schluss!
Wir gehn nach Haus!"

Hände an den Mund legen wie ein Megaphon und laut rufen.

Idee: Marion Bischoff

Wir bauen einen Schneemann

Winterspaß-Fingerspiel

Alter: ab 2 Jahren
Dauer: 5 Minuten

Einen Schneemann will ich bauen, der ist lustig anzuschauen!

Mit den Händen zwei große Kreise in die Luft malen.

Mit dem dicken, großen Stock

Einen gekrümmten Finger hochhalten.

und dem blitzeblanken Rock.

Einen Rock oder Anzug um den Körper andeuten.

Seine Knöpfe, das sind kleine, runde, schwarze Kieselsteine.

Mit einem Finger Knöpfe auf Brust und Bauch nachtippen.

Große Steine sind die Augen,

Daumen und Zeigefinger werden um die Augen gelegt.

damit sieht er, kaum zu glauben.

Mit den Füßen leise streichen.

Seine Nase eine Möhre – ganz so, wie es sich gehöre.

Auf die Nase zeigen.

Und sein Hut ist aus Papier.

Beide Hände deuten auf dem Kopf einen Hut an.

Sag mir, wie gefällt er dir?

Idee: Britta Bartoldus

Fünf kleine Weihnachtsmänner

Fingerspiel im Tannenwald

Alter: ab 1 Jahr
Dauer: 5 Minuten

Fünf kleine Weihnachtsmänner
gehen durch den Wald.

Fünf Finger zeigen.

Sie wollen eine Tanne holen,
denn Weihnachten ist bald.

Aus den Händen eine Tanne bilden.

Der erste sagt:
„Puh, ist die schwer!“

Den Daumen zeigen.

Der Zweite sagt:
„Ich kann nicht mehr!“

Den Zeigefinger zeigen.

Der Dritte heult:
„Es pickt, oh weh!“

Den Mittelfinger zeigen.

Der Vierte stolpert in den Schnee.

Den Ringfinger zeigen.

Der Fünf'te, hat sich stark gemacht

Den kleinen Finger zeigen.
Eine Faust machen und den Oberarm anspannen.

und hat den Baum nach Haus gebracht.

Das Baumtragen über der Schulter darstellen.

Idee: Britta Bartoldus